FOR SUCH A TIME AS THIS

Flavors and Recipes of My Honduras

PARA UN TIEMPO COMO ESTE

Sabores y Recetas de Mi Honduras

Sarah Kohnle
con
HEIDY GISSELA LANZA BACA

FOR SUCH A TIME AS THIS

Flavors and Recipes of My Honduras

with
Heidy Gissela Lanza Baca

SARAH KOHNLE

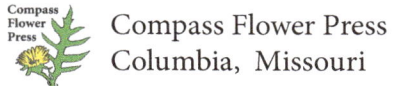

Compass Flower Press
Columbia, Missouri

© 2020 Sarah Kohnle

Featuring Heidy Gissela Lanza Baca, contributor of Honduran tradition and recipes

All rights reserved. No part of this book may be reproduced or transmitted in any form or by any means, electronic or mechanical or by any information or storage and retrieval system without permission in writing from the author or publisher.

Photography:

Front cover: *Baleadas*, by Sarah Kohnle in the home of Heidy; Tegucigalpa, Honduras.

Photography in book by Sarah Kohnle, supplemented with photos from Heidy and Jonathan Rivas.

Border: Traditional Lenca pottery from Honduras.

Published by Compass Flower Press
Columbia, Missouri

Cover design and book layout by Yolanda Ciolli

Library of Congress Control Number: 2020901926

ISBN: 978-1-942168-32-4

Dedicated with love to my parents, Nancy and Bill Bunce,
who passed along the gift of curiosity and adventure.

Índice

Para un Tiempo Como Éste vi
La Honduras de Heidy viii
DESAYUNO Y PAN 1
    Pan Batido 2
    Desayuno Típico 4
    Tortillas de Harina—Baleadas 6
    Todo Sobre las Tortillas 8
BEBIDAS Y APERITIVOS 11
    Jugo de Piña 12
    Jugo de Frambuesa 12
    Anafre con Frijoles y Nachos 12
PLATOS PRINCIPALES:
  POLLO, CERDO, RES, PESCADO, VEGETARIANO 15
    Arroz con Pollo 16
    Caldo de Pollo 18
    Pollo Horneado 20
    Tostadas de Pollo o Cerdo 22
    Caldo de Albóndigas 24
    Cerdo al Horno 26
    Enchiladas 28
    Sopa de Mondongo 30
    Sopa de Res 32
    Tamalitos de Cambray 34
    Filete de Tilapia 38
    Sopa Marinera 40
    Arroz con Frijoles 43
    Catrachas 44
    Frijoles Cocidos y Refritos 46
    Plátano frito 48
    Pupusas 50
    Tacos de papas 52
    Tamalitos de elote 54
ENCURTIDOS, ADEREZOS Y JALEAS 57
    Salsa roja 58
    Chismol 58
    Aderezo 60
    Guacamole 60
    Jalea de piña 62
    Jalea de frambuesas 62
Para un día típico 64
Orden Alfabético 66
Expresiones de Gratitud 68
Acerca de los Autores: Heidy 70
Acerca de los Autores: Sarah 72

Table of Contents

For Such a Time as This vii
Heidy's Honduras ix
BREAKFAST & BREADS 1
    Abuela's Breakfast Bread 3
    Typical Breakfast 5
    Flour Tortillas—Baleadas 7
    All about tortillas 9
BEVERAGES & APPETIZERS 11
    Pineapple Juice 13
    Raspberry Juice 13
    Anafre with Beans and Nachos 13
MAIN DISHES:
CHICKEN, PORK, BEEF, FISH, VEGETARIAN 15
    Rice with Chicken 17
    Chicken Soup 19
    Baked Chicken 21
    Chicken or Pork Tostadas 23
    Meatball Soup 25
    Baked Pork 27
    Enchiladas 29
    Honduran Menudo 31
    Beef Soup 33
    Cambray Tamalitos 36
    Tilapia Fillet 39
    Seafood Soup 41
    Rice and Beans 43
    Catrachas 45
    Cooked and refried beans 47
    Fried plantain 48
    Pupusas 51
    Potato tacos 53
    Corn tamales 54
SALSAS, SAUCES & JAMS 57
    Red sauce 59
    Chismol 59
    Dressing 61
    Guacamole 61
    Pineapple jelly 63
    Raspberry jelly 63
Menu for a typical day 65
Alphabetical index 68
Acknowledgments 69
About the Authors: Heidy 70
About the Authors: Sarah 72

Para un Tiempo Como Este:
Sabor y Recetas de Mi Honduras

Si Heidy cierra sus ojos, casi puede imaginarse a su abuela Andrea, con su vestido hasta la pantorrilla, modesto y desteñido. Su largo cabello oscuro recogido en un moño. Unos cuantos mechones grises se asoman mientras trabaja sobre el fuego al aire libre al salir el sol, sus manos muy trabajadoras agitan una olla grande de maíz. Si se permite soñar, Heidy incluso puede escuchar a una vaca mugir en la distancia, o las abejas zumbando alrededor de los mangos maduros en un árbol cercano.

Estos recuerdos conectan a Heidy Gissela Lanza Baca con sus abuelos maternos, Andrea y Juan de la Cruz Baca Hernández, que vivían en un pueblo tranquilo a kilómetros de la bulliciosa capital hondureña de Tegucigalpa, donde creció Heidy. Pasar el tiempo de vacaciones con los abuelos era precioso, y algo que ella y sus muchos primos atesoraban. Su abuela siempre tenía mucha gente a su alrededor, pero nunca se quedaba sin comida. Ella siempre estaba lista para servir a cualquiera que viniera a su casa. Nadie se fue con el estómago vacío.

"Todos los días ella hacía tortillas. Ella hacía un montón en la mañana para todo el día. Y una olla con frijoles estaba todo el día sobre el fuego", dijo Heidy.

Ahora Heidy transmite el regalo de hospitalidad que aprendió a los pies de su abuela. Ella y su esposo, Jonathan Rivas, han estado sirviendo a su comunidad durante años. Recientemente, se convirtieron en gerentes de una casa misión y han acogido a cientos de personas de los Estados Unidos (incluido Puerto Rico), así como misioneros de Nigeria.

"Me gusta que se sientan cómodos, que se sientan bienvenidos".

Una de las funciones de Heidy es garantizar que los grupos de la misión tengan la nutrición adecuada para el trabajo que se avecina, ya sea construir una casa de madera, administrar clínicas ópticas para dispensar anteojos o hacer visitas al hospital.

"Creo que la comida es muy importante. Si los miembros del grupo se sienten bien y saludables, podrán lograr lo que planearon hacer".

La presentación también es importante. Heidy explicó que una atractiva preparación de la comida pareciera mejorar el sabor.

"Esa presentación entrará en los ojos de una persona y dirá, '¡eso es bueno!'. Sabe mejor si se ve bien", dijo Heidy.

Cuando Heidy habló de preparar una ensalada atractiva, dijo que podría haber puesto aderezo en una ensalada, pero le gusta ir un paso más allá.

"Podría dibujar una flor con aderezo y eso agregará sabor".

For Such a Time as This:
Flavors and Recipes from My Honduras

If Heidy closes her eyes, she can almost picture her grandmother Andrea, wearing her modest, yet faded shin-length dress, her long dark hair secured in a bun. A few gray strands slipping out as she works over the outdoor fire as the sun rises, her rough hands stirring a large pot of maize. If Heidy allows herself to dream, she can even hear a cow mooing in the distance, or bees buzzing around the ripe mangoes in a nearby tree.

These memories connect Heidy Gissela Lanza Baca to her maternal grandparents, Andrea and Juan de la Cruz Baca Hernandez, who lived in a peaceful village miles away from the bustling Honduran capital of Tegucigalpa where Heidy grew up. Spending vacation time with grandparents was precious, and something she and her many cousins treasured. Their grandmother always had many people around, but she never ran out of food. She was always ready to serve anyone who came by their home. No one ever left with an empty stomach.

"Every day she made tortillas. She made a lot in the morning for the whole day. And a pot would sit on the fire all day with beans," Heidy says.

Now Heidy passes along the gift of hospitality she learned at the feet of her grandmother. She and her husband, Jonathan Rivas, have been serving their community for years. Recently, they became managers for a mission house and have hosted hundreds of people from the United States (including Puerto Rico), as well as missionaries from Nigeria.

"I like them to feel comfortable, to feel welcome."

One of Heidy's roles is to ensure that the teams have proper nourishment for the work ahead, whether it's building a wooden home, running optical clinics to dispense glasses or making hospital visits.

"I think food is very important. If team members feel good and healthy, they will be able to accomplish what they planned to do."

Presentation is important as well. Heidy explains that an attractive preparation of food seems to enhance the taste.

"That presentation will get into a person's eyes and they will say, 'that's good!'" It tastes better if it looks good Heidy says.

When Heidy discussed putting together an attractive salad, she said she could have just put dressing on a salad, but she likes to take it one step further.

"I could draw a flower with dressing and that will add to the flavor."

Heidy incorpora el aguacate, el kiwi y las fresas para acentuar y dar toques de color, y está practicando cortar sandía y piña en diseños.

Left: Heidy incorporates fruit for splashes of color. She is practicing cutting watermelon and pineapple into designs.

La Honduras de Heidy

A pesar de la presión de las pandillas y la inestabilidad inherente en muchos países en desarrollo, Heidy se compromete a permanecer en Honduras. Ella ha aprendido a ser flexible, como cuando las protestas políticas estallan y obligan a las escuelas a cerrar y a bloquear las carreteras. Como madre de cuatro hijos, protege ferozmente a su familia. Pero como cristiana devota, ella también siente la mano de Dios protegiéndoles a todos.

"Hay momentos en que me gustaría alejarme de todo esto, pero sé que Dios nos quiere aquí".

Su libro favorito en la Biblia es el Libro de Ester, y le gusta la fuerza, la determinación y la obediencia que mostró Ester.

"Puedo leer ese libro muchas veces y nunca me canso de él. Hay tanto que podemos aprender de ella. Creo que todos deberíamos ser como Esther. Ella fue obediente a la voz del Señor. No sólo obediente, sino que estaba feliz de hacer lo que el Señor le pedía que hiciese. Incluso con todos los riesgos para su vida, estaba feliz de hacerlo. Y se preparó para ese momento, para salvar a su gente".

A medida que aumenta la presión en su país, Heidy piensa en las cosas que la mantienen a ella y a Jonathan en Honduras. *"Quiero ser obediente. Estoy aquí porque el Señor quiere que esté".*

Pero no es fácil cuando los eventos actuales se cruzan en la vida de sus sueños. Cuando la caravana de migrantes de América Central comenzó a ir a los Estados Unidos, Heidy tuvo un sueño inquietante.

"En el sueño, Jonathan estaba delante de mí en el busito, yo estaba en el auto. Estábamos en una larga fila de autos, y no podía ver el principio o el final. Había tal vez cinco autos entre nosotros, y no podía verlo. ¿Dónde está Jonathan? ¿Qué hago? Lloré en mi sueño".

Su corazón latía tan fuerte que se despertó. Son momentos así cuando su fe la consuela. Y recuerda su llamado a Dios y a su país.

"No pienses que en el palacio del rey escaparás más que todos los demás judíos. Porque si guardas silencio en un momento como este, el alivio y la liberación aumentarán para los judíos de otra parte, pero tú y la familia de tu padre perecerán. ¿Quién sabe? Tal vez has llegado a la dignidad real en un momento como este". De la Biblia, Libro de Ester 4: 13-14.

Esta colección de recetas es un homenaje a la abuela de Heidy. Las ganancias apoyarán a los ministerios en Honduras.

Heidy's Honduras

Despite pressure from gangs and the instability inherent in many developing countries, Heidy is committed to staying in Honduras. She has learned to be flexible, like when political protests flare up and force schools to close and roads to be blocked. As a mother of four, she is fiercely protective of her family. But as a devout Christian, she also feels the hand of God protecting all of them.

"There are times when I'd like to get away from all this, but I know God wants us here."

Her favorite book in the Bible is the Book of Esther, because she likes the strength, determination and obedience Esther displayed.

"I can read that book many times and never get tired of it. There's so much we can learn from her. I think we should all be like Esther. She was obedient to the voice of the Lord. Not just obedient – she was happy to do what the Lord asks her to do. Even with all the risks to her life, she was happy to do it. And she got ready for that moment, to save her people."

As pressures increase in her country, Heidy thinks of the things that keep her and Jonathan in Honduras. "I want to be obedient. I'm here because the Lord wants me to be."

But it's not easy when current events cross into her dream life. When the caravan of migrants from Central America started going to the U.S., Heidy had an unsettling dream.

"In the dream, Jonathan was ahead of me in the van, I was in the car. We were in a long line of cars, and I couldn't see the beginning or the end. There were maybe five cars between us, and I couldn't see him. 'Where's Jonathan, what do I do?' I cried out in my dream."

Her heart was beating so hard she woke up. It's times like that when her faith comforts her. And she remembers her calling to God and her country.

"Do not think that in the king's palace you will escape any more than all the other Jews. For if you keep silence at such a time as this, relief and deliverance will rise for the Jews from another quarter, but you and your father's family will perish. Who knows? Perhaps you have come to royal dignity for just such a time as this." From the Bible, Book of Esther 4:13-14

This collection of recipes is a tribute to Heidy's grandmother.

Profits from the sale of this cookbook support service projects and ministries in Honduras.

DESAYUNO Y PAN

BREAKFAST & BREAD

Un buen día comienza llenando nuestra mente de Dios, nuestra alma con su presencia, nuestro corazón con mucho amor y nuestro estómago con un buen desayuno.

A good day begins by filling our mind of God, our soul with his presence, our heart with a lot of love, and our stomach with a good breakfast.

Todo sobre el pan

Cuando Heidy era apenas una niña, comenzó a aprender de su abuela Andrea todo sobre el horneado. Después de que su abuela terminaba de hacer tortillas en el fuego de leña al aire libre, se iba hacia adentro para comenzar con el pan. Debido a la inestabilidad de la levadura, preparaba la masa adentro, pero la horneaba al aire libre en un horno de barro. Su pan era legendario en el pequeño pueblo y, cuando era niña, Heidy iba de puerta en puerta vendiéndolo.

"Oh, ¿es este el pan de Andrea?", Preguntaba la gente a Heidy. Y le daban un lempira (moneda hondureña) o bienes de trueque como harina o huevos.

La siguiente receta se basa en una de Andrea, pero ahora utiliza una batidora, en lugar de ser procesada a mano como lo hacía Andrea hace muchos años en Honduras. Heidy dice que es perfecto para el desayuno o con una taza de café por la tarde.

All about bread

When Heidy was just a little girl, she started learning about baking from her grandmother Andrea. After her grandmother finished making tortillas on the outdoor wood fire, she moved indoors to start on the bread. Due to the instability of yeast, she prepared the dough inside, but baked it outdoors in a clay oven. Her bread was legendary in the small village and as a young girl, Heidy would go door-to-door selling it.

"Oh, is this Andrea's bread?" people would ask Heidy. They would give her a lempira (Honduran currency) or barter goods like flour or eggs.

The following recipe is based on one of Andrea's, but it uses a mixer, instead of being processed by hand like Andrea did many years ago in Honduras. Heidy says it's perfect for breakfast or with a cup of coffee in the afternoon.

Pan Batido
Receta para aproximadamente 10 personas

1 cucharada de levadura
1 taza de agua tibia
4 huevos
1 ½ tazas de azúcar
2 tazas de leche
2 ½ tazas de harina
¼ cucharadita de sal
1 cucharada de esencia de vainilla, 1 barra de margarina

Preparación

Mezclar la levadura con el agua en una taza, dejar disolver por cinco minutos, luego colocar la mezcla en la batidora, batir a velocidad baja. Agregar los huevos, el azúcar, una taza de leche y batir por cinco minutos más. En una paila, cernir la harina junto con la sal, una vez hecho esto lo agregamos a la batidora poco a poco, batimos a velocidad baja hasta que se integre bien la harina con el resto de ingredientes, subimos la velocidad de la batidora a media, y agregamos el resto de la leche, la vainilla y la margarina derretida, asegurándose de que no esté caliente. Batir cinco minutos más, asegurándose que no haya residuos de harina alrededor de la batidora. Colocar la mezcla en dos moldes para hornear de 14*10 pulgadas "de preferencia cuadrado", previamente untados con spray antiadherente, y llenar hasta la mitad. Reposar por 30 minutos, precalentar el horno a 350 F, colocar los moldes en el horno, tomará de 35 a 40 minutos aproximadamente, o que al momento de introducir un cuchillo el mismo salga limpio. No abrir el horno los primeros 20 minutos, para que no se baje el pan, una vez listo retirar del horno, con una espátula pasar entre la torta y el molde de metal. Dejar enfriar en el molde. Una vez este frio sacar del molde y cortar.

Local Honduran artist, **Armando Aguilar** carves mahogany into unique boxes, some painted as the one shown on page 3.

Abuela's Breakfast Bread
Recipe for approximately 10 people

1 tablespoon of yeast
1 cup warm water
4 eggs
1½ cups of sugar
2 cups of milk
2½ cups of all-purpose flour
¼ teaspoon of salt
1 tablespoon of vanilla extract
1 stick of margarine

Preparation

Mix the yeast with the water in a cup, let dissolve for five minutes, then place in the mixer, beat at low speed. Add eggs, sugar, one cup of milk and mix for five more minutes. In a pan, sift the flour with the salt. Once this is done, we add it to the mixer little by little, and mix at low until the flour is well integrated. We increase the speed of the mixer to medium, and add the rest of the milk, vanilla and melted margarine, making sure the margarine is not hot. Mix five more minutes, making sure there is no flour residue around the mixer. Grease and flour two 14 x 10 inch baking pans, preferably square, and fill halfway. Preheat the oven to 350 F and let pans stand for 30 minutes. Place the pans in the oven. It will take approximately 35 to 40 minutes, so that when you insert a knife it comes out clean. Do not open the oven the first 20 minutes so the bread does not fall. Once it's ready, remove from the oven. Pass a spatula between the cake and the metal pan. Let it cool in the pan. Once it is cold, remove from the pan and cut.

Desayuno Típico
Receta para 4 personas

6 huevos
1 taza de frijoles fritos
1 plátano
1 aguacate
½ taza de mantequilla crema
8 tortillas de maíz

Preparación

Freír los huevos, estos pueden ser revueltos o estrellados, freír los frijoles y plátanos, colocar todo a su gusto en el plato. Cortar el aguacate en cuatro piezas, una por plato. Puedes acompañar tu desayuno con una taza de café, o jugo de naranja.

Carved mahogany box by Armando Aguilar

Typical Breakfast
Recipe for 4 people

6 eggs
1 cup of refried beans
1 plantain
1 avocado
½ cup sour cream*
8 corn tortillas

*this can be substituted for mantequilla crema. However, check local speciality stores for Crema Hondureña. Some major U.S. grocery chains also carry Crema Mexicana in a jar.

Preparation

The eggs can be scrambled or fried. Fry the beans and plantain, and place everything on the plate as you wish. Cut the avocado into four pieces, one per plate. Garnish with sour cream or crema. Serve two tortillas per person. For North American standards, you can fill the tortillas with your food. In Honduras, we usually tear the tortillas into four pieces and with each piece take some food, instead of using a fork. You can accompany your breakfast with a cup of coffee or orange juice.

Tortillas de Harina—Baleadas
Receta para 6 personas

1 libra de harina
1 cucharada de sal
½ cucharada de soda
1 cucharada de manteca
Agua necesaria

Relleno de baleada:
4 huevos
1 plátano
2 aguacates
1 taza de frijoles fritos
1 taza de mantequilla crema

Preparación

Coloque en un tazón los ingredientes secos y la manteca. Mezcle bien hasta logar una consistencia arenosa. Vierta el agua poco a poco y amaste hasta obtener una mezcla suave, forme bolitas y déjelas reposar entre 20 minutos hasta una hora. Estirar con un rodillo o con la mano dándole una forma redonda, cocinar en un comal caliente por ambos lados. Para complementar la baleada, hacer los huevos revueltos, pelar los plátanos y cortarlos a la mitad, sacar tajadas y freírlas, cortar los aguacates en tres partes cada uno. Para armar la baleada, colocamos una tortilla de harina, agregamos frijoles, huevo, plátano, aguacate y mantequilla, cerrar la tortilla a la mitad y listo a disfrutar. Para guardar las sobras, cubra y refrigere.

Flour Tortillas—Baleadas
Recipe for 6 people

1 pound of all-purpose flour
1 tablespoon of salt
½ tablespoon of baking soda
1 tablespoon butter, room temperature
Water as needed

Fillings for baleadas:

4 eggs
1 plantain
2 avocados
1 cup of fried beans
1 cup of sour cream*

    *this can be substituted for mantequilla crema. However, check local speciality stores for Crema Hondureña. Some major U.S. grocery chains also carry Crema Mexicana in a jar.

Preparation

    Place dry ingredients and butter (in small pieces) in a bowl. Mix well until it feels gritty. Pour the water little by little until a soft dough is obtained. Form small balls and let them rest for 20 minutes to an hour. Stretch with a rolling pin or with your hand into a round shape. Cook on both sides in a cast iron pan. To fill the baleada, scramble the eggs, peel the plantains and cut them in half, slice and fry them, and cut the avocados in three parts each. To assemble the baleada, we take a flour tortilla and add beans, egg, plantains, avocado, and sour cream, and close the tortilla in half. They are ready to enjoy! To store leftovers, cover and refrigerate.

Todo sobre las tortillas

Las auténticas tortillas llevan tiempo, pero vale la pena, dice Heidy. Ella recuerda las horas que su abuela pasó haciendo tortillas. Cada vez que Heidy visitaba a sus abuelos, se despertaba antes del amanecer con su abuela, horas antes que sus primos, y la veía trabajar en su lote diario de tortillas.

El primer paso era moler el maíz con la piedra de moler, o `mano de mortero´. Su abuela cocinaba la mezcla un día y preparaba las tortillas al día siguiente. El sabor del método original no puede competir con el método moderno usando una bolsa de maíz. "Ahora", dice Heidy, "sólo necesita agregar agua y está listo para hacer la masa".

Una vez que la masa esté lista, independientemente del maíz molido preparado en casa o una bolsa de maíz, es hora de pellizcar un poco de masa y hacer bolsa de forma uniforme, un poco más pequeñas que una mandarina. No fue hasta que Heidy cumplió siete años que su abuela finalmente le permitió ayudarle, enseñándole a dar forma a las tortillas, una combinación de golpear las bolsa de masa y redondear suavemente los bordes en la curva de su mano.

"Ella hacía tortillas a mano y eran perfectas".

All about tortillas

Authentic tortillas take time, but oh so worth it, Heidy says. She remembers the hours her grandmother spent making tortillas. Whenever Heidy visited her grandparents, she would wake up before sunrise with her grandmother, hours before her cousins, and watch her work on her daily batch of tortillas.

The first step was to grind the corn with the piedra de moler, or pestle and mortar. Her grandmother would cook the mixture one day and make tortillas the next. The taste from the original method can't compete with the modern method using a bag of maize. Now, Heidy says, you just need to add water and you're ready to make the dough.

Once the dough is ready, regardless from home-prepared ground corn or a bag of maize, it's time to pinch off some dough and make evenly shaped balls, a little smaller than a tangerine. It wasn't until Heidy turned seven that her grandmother finally allowed her to help, teaching her to shape tortillas, a combination of patting out the balls of dough and gently rounding the edges in the curve of her hand.

"She made tortillas by hand and they were perfect."

Anafre with Beans and Nachos
served as an appetizer

BEBIDAS Y APERITIVOS

BEVERAGES & APPETIZERS

Jugo de Piña

1 piña pequeña cortada en trozos
½ taza de azúcar
2 litros de agua

Preparación

Licúa la piña hasta que la mezcla luzca suave. El tiempo de batido puede variar según su licuadora, puede ser aproximadamente un minuto. Luego apague la licuadora, pase por el colador con una cuchara hasta obtener solamente el liquido. En una jarra de vidrio colocar la piña y el agua junto con la azúcar, agregar hielo y poner en el refrigerador.

Jugo de Frambuesa

20 unidades de frambuesa
Azúcar al gusto
2 litros de agua
Hielo

Preparación

En la batidora ponemos las frambuesas, licuar hasta que estén completamente suaves. Luego en una jarra de vidrio coloque el licuado de frambuesa y agregue el agua y el azúcar. Mezclar bien hasta que el azúcar se deshaga. Agregar hielo y colocar en el refrigerador.

Anafre con Frijoles y Nachos
Receta para 5 personas

15 tortillas de maíz cortadas en triángulos
1 taza de frijoles refritos
½ libra de quesillo

Preparación

Lo primero será cortar las tortillas en triángulos y luego freírlas en suficiente aceite hasta que estén crujientes, retirar del fuego y colocar en papel toalla para retirar el exceso de aceite. En un anafre, colocar los frijoles, luego coloque las tortillas alrededor sobre los frijoles colocar el quesillo y esperar hasta que se derrita.

Pineapple Juice

1 small pineapple cut into pieces
½ cup of sugar
8 ½ cups of water

Preparation
Blend pineapple until smooth. Mixing time varies depending on your blender. Blend for about one minute and then stop the blender and strain the mixture. Put the pineapple and water in a glass pitcher together with the sugar, add ice and put in the refrigerator.

Raspberry Juice

20 raspberries
Sugar to taste
8 ½ cups of water
Ice

Preparation
In the blender we put the raspberries, and blend until they are completely soft. Place the raspberries with the water and sugar in a glass pitcher. Mix well, add ice and store in the refrigerator.

Anafre with Beans and Nachos
Recipe for 5 people

15 corn tortillas cut into triangles
1 cup refried beans
½ pound of queso Oaxaca

Preparation
The first step will be to cut the tortillas into triangles and fry them in enough oil until crispy. Remove from heat and place on paper towels to remove excess oil. In an anafre place the beans, then arrange the tortillas around the beans, and finally place the queso Oaxaca on top of the beans, and wait until it melts.

PLATOS PRINCIPALES:

POLLO
CERDO
RES
PESCADO Y MARINERA
VEGETARIANO

MAIN DISHES:

CHICKEN
PORK
BEEF
FISH & SEAFOOD
VEGETARIAN

Arroz con Pollo
Recete para 10 personas

1 pollo entero
2 dientes de ajo
1 rama de apio
¼ taza aceite
1 barra de margarina
½ taza de cebolla finamente picada
½ taza de chile verde (chiltoma) finamente picado
½ taza de zanahoria finamente picada
¼ taza de apio finamente picado
½ taza de frijolitos verdes finamente picado
3 tazas arroz pre cocido
6 tazas de agua hirviendo
2 cucharadas de consomé de pollo
¼ cucharita de curry
1½ cucharita de azafrán
1 taza de jamón en cuadritos
1 lata de 12 onzas de maíz dulce
Culantro al gusto

Preparación
Cocine el pollo con el tallo de apio, ajo entero y sal y pimienta al gusto, hierva hasta que esté cocido. Una vez que esté cocido, déjalo enfriar y guarde el caldo. Desmenuzar el pollo. En un sartén poner el aceite, margarina y agregar la cebolla, chile, zanahoria, frijoles verdes, y apio. Sofreír por unos minutos, luego agregar el arroz previamente lavado. Sofreír por unos cinco minutos y asegurase de mezclar bien todos los ingredientes. Agregar consomé de pollo, curry y azafrán y combinar todo bien. Agregar el pollo y jamón. Luego agregar el caldo de pollo hasta cubrir todos los ingredientes y por último, el maíz. Dejar cocinar o hasta que se absorba el agua, si el arroz esta suave retirar del fuego. Si todavía está duro agregar más caldo hasta que esté suave y esparza algo de culantro al gusto.

Rice with Chicken
Recipe for 10 people

1 whole chicken
1 stalk of celery
2 cloves of garlic
¼ cup oil
1 stick of margarine
½ cup of onion, finely chopped
½ cup of green pepper, finely chopped
½ cup of carrot, finely chopped
½ cup of green beans, finely chopped
3 cups of precooked rice
¼ cup of celery, finely chopped
¼ teaspoon of curry
½ teaspoon of saffron
1 12-ounce can of sweet corn
6 cups of boiling water
2 tablespoons of chicken bouillon
1 cup of ham, chopped
Fresh cilantro, finely chopped and added to taste

Preparation

Cook the chicken with the celery stalk, whole garlic and salt and pepper to taste, boil until cooked. Once it is cooked, let it cool and save the broth. Shred the chicken.

In another pan, put the oil, margarine and add the ¼ cup of celery, onion, green pepper, carrot, and green beans. Cook for a few minutes and add the precooked rice (already rinsed), sauté for five minutes and add the chicken broth. Mix together well. Add the chicken bouillon, curry, and saffron and combine well. Add the shredded chicken and the ham pieces. Cover all the ingredients and lastly, add the corn. Cook until the water is absorbed and the rice is soft and remove from heat. Add a little broth if the rice isn't soft and sprinkle some fresh cilantro to taste.

Caldo de Pollo
Receta para 6 personas

3 libras de pollo
1 rama de apio
1 cucharadita de comino (especias)
2 cucharadas de consomé de pollo
2 dientes de ajos
10 tazas de agua
2 libras de papas
3 zanahorias medianas
3 bananas verdes
2 libras de yuca
½ taza de culantro finamente picado
Sal al gusto

Preparación

En una olla colocar el pollo, la rama de apio entera, el comino, el consomé de pollo, los ajos machacados y el agua. Dejar hervir hasta que el pollo suavice, esto tomará aproximadamente 40 minutos de cocción a temperatura alta. Mientras el pollo se cocina, pelar todas las verduras y cortar en cubos grandes. Una vez que la carne esté suave, ponga primero la yuca y dejar cocer por cinco minutos, luego agregar el resto de los vegetales. Cocinar hasta que todos los vegetales estén suaves, luego agregar sal al gusto y hervir cinco minutos más. Una vez apaguemos la estufa, se agrega el culantro.

Chicken Soup
Recipe for 6 people

3 pounds of chicken
1 stalk of celery
1 teaspoon of cumin
2 tablespoons of chicken bouillon
2 cloves of garlic
10 cups of water
2 pounds of potatoes
3 medium carrots
3 green bananas
2 pounds of cassava (yuca)
½ cup cilantro, finely chopped
Salt to taste

Preparation

Place the chicken, celery stalk, cumin, chicken bouillon, crushed garlic and water in a pot. Let it boil until the chicken softens. It will take approximately 40 minutes to cook at high temperature. While the chicken is cooking, peel all the vegetables and cut into large cubes. Once the meat is soft, add the cassava first and let it cook for five minutes, then add the rest of the vegetables. Cook until all the vegetables are soft. Once they are soft, add salt to taste, and boil five more minutes. Once we turn off the stove, we add the cilantro.

Pollo Horneado
Receta para 8 personas aproximadamente

1 pollo entero
El jugo de 3 naranjas agrias (aproximadamente ½ taza)
2 cucharadas de consomé de pollo
Especias
1 cucharada de sal de ajo
Aceite
1 cebolla cuadros
1 chile verde cuadros
1 tomate cuadros
4 dientes de ajo
1 rama de apio cuadros
Culantro al gusto
2 cucharaditas de azúcar
½ taza cerveza
Salsa dorada: Mostaza, mayonesa, salsa dulce, 3 cucharadas de cada uno

Preparación

Lavar el pollo descongelado con agua, luego lavar nuevamente, esta vez con la naranja agria Mezclar todas las especias, consomé, cominos, sal de ajo, colocar la mezcla sobre todo el pollo, asegurarse de poner en la parte de adentro también.

En un sartén poner un chorrito de aceite y sofreír la cebolla, chile, tomate, ajos, apio y culantro, freír por aproximadamente cinco minutos, retirar del fuego y ponerlo a la licuadora.

Colocar el pollo en un molde de hornear y agregar la mezcla. Dejar reposar mínimo 24 horas en el refrigerador, lo ideal sería 48 horas. Mezclar la cerveza con el azúcar y agregarla al pollo, tapar el pollo con papel aluminio. Cocer en el horno a 350 F por aproximadamente dos horas.

Pasadas las dos horas, sacar el pollo del horno, con un cubierto pinchar la carne. Si no se observan rastros de sangre, es señal que nuestro pollo está casi listo.

Una vez cocido, hacer una mezcla con mostaza, mayonesa y salsa dulce. Retirar el pollo del horno. Si hay exceso de líquido retirar un poco del mismo (opcional). Poner la mezcla sobre el pollo y colocar nuevamente en el horno. Esta vez descubierto y solamente para que dore.

Baked Chicken
Recipe for approximately 8 people

1 whole chicken
Juice of 3 sour oranges (approximately ½ cup)*
2 tablespoons chicken bouillon
Cumin to taste
1 tablespoon garlic powder
Oil
1 onion, cubed
1 green bell pepper, cubed
1 tomato, cubed
4 cloves of garlic
1 stalk of celery, chopped
Fresh cilantro, finely chopped and added to taste
½ cup beer
2 teaspoons sugar
Browning sauce: 3 tablespoons each of mustard, mayonnaise, ketchup
   Juice of sour oranges (naranja agria) is available at some major U.S. groceries, as well as speciality stores.

Preparation

   Wash the defrosted chicken with water, then wash again with the sour orange juice. Mix the chicken bouillon, cumin, garlic salt, and place mixture on the whole chicken, making sure to put on the inside as well.

   In a pan, add a little oil and sauté the onion, green pepper, tomato, garlic, celery and cilantro. Fry for about five minutes, remove from the heat and put it in the blender.

   Place the chicken in a baking dish and add the mixture. Let it rest in the refrigerator at least 24 hours, ideally 48 hours. Mix the beer with the sugar and add it to the chicken. Cover the chicken with aluminum foil. Bake in the oven at 350 F for approximately two hours.

   After two hours, remove the chicken from the oven. Use a fork to prick the meat and if there are no traces of blood, it is a sign that our chicken is almost ready.

   Mix mustard, mayonnaise and ketchup. Remove the chicken from the oven and if there is excess liquid, remove a little of it (optional). Put the mixture on the chicken and place it in the oven again, this time uncovered. Broil only until browned.

Tostadas de Pollo o Cerdo
Receta para 7 personas (3 para persona)

2 libras de pechuga de pollo deshuesada o cerdo
1 rama de apio
1 1/2 dientes de ajo, machacados
Cominos (especias), sal
Agua
25 tortillas
Culantro al gusto

Preparación

En una olla colocar el pollo o cerdo, agregar el apio, 1-1/2 diente de ajo, sal y cominos (especias) al gusto, cubrir con suficiente agua y hervir. Una vez que nuestro pollo o cerdo está listo, desmenuzamos. Freír las tortillas de modo que queden crujientes.

Sobre la tortilla colocar la carne que eligió, el chismol, guacamole y por último el aderezo. Culantro al gusto. Y listo, a disfrutar.

Chicken or Pork Tostadas

Recipe for approximately 7 people (3 tostadas per person)

2 pounds of boneless chicken breast or pork
1 stalk of celery
1 1/2 garlic cloves, crushed
Cumin, salt
Water
25 tortillas
Cilantro to taste

Preparation

In a pot place the chicken or pork, add the celery, one and a half cloves of garlic, salt and cumin to taste, cover with enough water and boil. Once our chicken or pork is ready, we crumble the meat. Fry the tortillas so that they are crispy.

On the tortilla place the meat you choose, the chismol (page 59), guacamole and finally the dressing (see page 61). Add cilantro to taste. It is ready to enjoy!

Caldo de Albóndigas
Receta para 5 a 6 personas aproximadamente

1 libra de carne molida
1 cucharada de consomé de res
½ taza de cebolla,
½ taza de chile dulce
2 dientes de ajo
1 huevo
1 cucharadita de margarina
3 papas grandes
1 zanahoria grande
1 cucharada de consomé de pollo
Culantro al gusto
Sal y pimienta al gusto
Agua necesaria

Preparación

Condimenta la carne con el consomé de res, la cebolla, chile picado en trozos pequeños y el ajo machacado, mezclar todos los ingredientes agregar el huevo. Hacer bolitas de carne del tamaño que usted desee, freírlas en suficiente aceite caliente, escúrralas y resérvelas.

A continuación prepare la sopa. En una olla agregar la margarina con la papa y la zanahoria a fuego lento. Agregar consomé de pollo, sal y especia al gusto. Moverlo de tres a cinco minutos hasta mezclar todos los ingredientes.

Agregar agua hasta cubrir las papas y zanahorias e integrar las bolitas de carne, dejar hervir hasta que la zanahoria este suave, siempre es bueno agregar más agua si se necesita y el culantro al final de la cocción. Acompañar con arroz blanco.

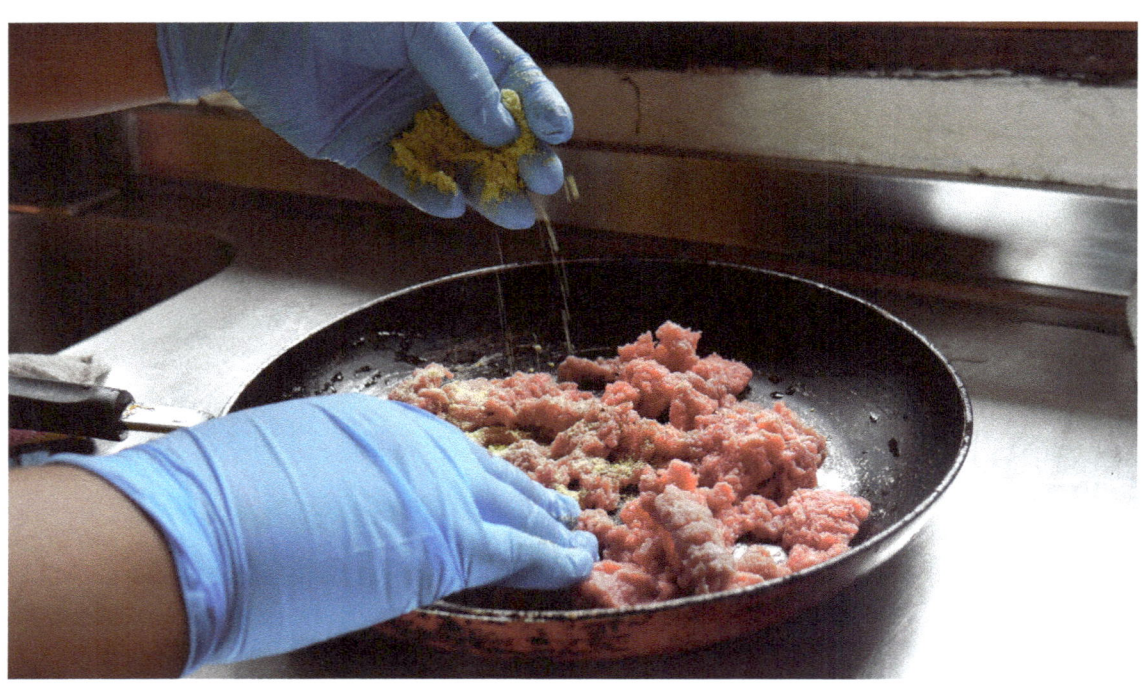

Meatball Soup
Recipe for approximately 4 people

1 pound of ground beef
1 tablespoon beef bouillon
½ cup of onion, chopped
½ cup of green bell pepper, chopped
2 cloves of garlic to taste, chopped
One egg
1 teaspoon of margarine
3 big potatoes, chopped
1 large carrot, chopped
1 tablespoon chicken bouillon
Cilantro as much as you like
Salt and pepper to taste
Water as necessary

Preparation

Season the meat with the beef bouillon, chopped onion, green pepper, crushed garlic. Mix ingredients and add the egg. Make meatballs (whatever size you desire), and fry in sufficient hot oil. Drain and set aside.

For the soup, put the margarine, potatoes, and carrot in a saucepan and heat, adding the chicken bouillon, salt as needed. Stir for three to five minutes, until all the ingredients are mixed.

Add water to cover the potatoes and carrot. Add the meatballs, boiling until the carrots are soft. It is always good to add more water if necessary. Add cilantro toward the end of cooking.

Serve with white rice.

Cerdo al Horno
Receta tradicional en Navidad y ocasiones especiales
Receta para 10-15 personas aproximadamente

5 libras piernas de cerdo
El jugo de 3 naranjas agrias (aproximadamente ½ taza)
Consomé de pollo, cominos, salde ajo al gusto
1 chile verde, trozos
2 cebollas roja, trozos
1 cabeza de ajo, trozos
Culantro al gusto
½ taza de cerveza
1 cucharada de azúcar
Salsa dorada: Mostaza, mayonesa, salsa dulce, 3 cucharadas de cada uno

Preparación

Colocar la pierna en un molde para hornear y mezclar los ingredientes secos; cominos, consomé, sal de ajo. Poner la naranja agria y luego agregar la mezcla de especias. Cubrir toda la pierna. Sofreír el chile, cebolla, ajos y culantro. Su selección de variedades es mostrada abajo. Verterlo sobre la carne, asegurarse de cubrir bien cada espacio, dejar reposar durante un día.

Cubrir con papel aluminio.

Pasadas las 24 horas retirar del refrigerador. Mezclar la cerveza con el azúcar y agregarlo a la carne, ponerlo en el horno por aproximadamente cinco horas (una hora de cocción por libra de carne).

Una vez cocido, mezclar mostaza, mayonesa y salsa dulce. Agregar sobre la carne y dorar al gusto.

Thick-leaf cilantro

Baked Pork

Traditional recipe at Christmas and special occasions
Recipe for approximately 10-15 people

5 pounds pig legs
Juice of 3 sour oranges (approximately ½ cup of juice)*
Chicken bouillon, cumin, garlic salt to taste
1 green bell pepper, pieces
2 purple onions, pieces
1 head of garlic, pieces
Cilantro to taste
½ cup of beer
1 tablespoon of sugar
Browning sauce: Mustard, mayonnaise, ketchup, 3 tablespoon each.

*Juice of sour oranges (naranja agria) is available at some major U.S. groceries, as well as speciality stores

Preparation

Place the legs in a baking dish. In a separate bowl, mix the cumin, chicken bouillon, and garlic salt. Pour the juice of the sour orange over the legs and then add the spice mixture, covering the entire legs. Sauté the green bell pepper, onion, garlic and cilantro (your choice of thick leaf or regular cilantro shown below), and then blend in a blender. Pour the mixture over the meat, make sure to coat it well and cover with aluminum foil. Let it rest for a day in the refrigerator. It would be ideal to prepare the meat two days in advance. After 24 hours, remove from the refrigerator. Mix the beer with the sugar and add it to the meat. Preheat oven to 350 F, and put meat in the oven for approximately five hours (one hour of cooking per pound of meat).

Once it's cooked, mix mustard, mayonnaise and ketchup. Put it on the meat and let brown in broiler.

Regular cilantro

Enchiladas
Receta para 6 personas aproximadamente

1 libra de carne molida
2 dientes de ajo
1 chile dulce pequeño picado
1 cebolla picada
1 mazo de culantro finamente picado
1 cucharilla de consomé de pollo
Especias, sal y pimienta al gusto
1 cucharada de azúcar
½ taza de pasta de tomate
2 tazas de agua
2 papas medianas
1 zanahoria mediana en cuadritos
20 tortillas
Aceite
Lechuga en julianas al gusto
2 tomates manzana en rodajas
4 huevos duros cocidos en rodajas
Salsa dulce
1 taza de queso seco rallado
2 limones

Preparación

En un sartén colocar el ajo, chile, cebolla y culantro finamente picado. Sazonar con el consomé de pollo, especias, una cucharada de azúcar y sal al gusto. Mover con un tenedor para que la carne quede suelta y sin grumos. Agregar la pasta de tomate previamente disuelta con agua. Mezclar bien todos los ingredientes a continuación agregar la papa y la zanahoria mezclar bien nuevamente. Agregar el agua y dejar que hierva hasta que las papas y la zanahorias estén suaves y el agua se haya consumido casi en su totalidad.

A continuación fría las tortillas en abundante aceite caliente y retírelas cuando estén doradas. Colocarlos en papel toalla para quitar el exceso de grasa.

Luego cortar la lechuga, en un tazón colocar agua con dos gotas de cloro y agregar la lechuga. Dejar reposar de cinco a diez minutos, luego retirar del agua con cloro y enjuagar nuevamente esta vez con agua pura. Cortar los huevos y tomates en rodajas.

Para formar las enchiladas, colocamos una tortilla y ponemos la carne, lechuga, una rodaja de tomate y huevo, salsa dulce y queso rallado al gusto. También se puede decorar con limón (de acuerdo al gusto).

Enchiladas
Recipe for approximately 6 people

1 pound of ground beef
2 cloves of garlic, finely chopped
1 chopped green bell pepper
1 onion chopped
1 bunch of fresh cilantro, finely chopped
1 teaspoon chicken bouillon
Cumin, salt and pepper to taste
1 tablespoon of sugar
½ cup of tomato paste
2 cups of water
2 big potatoes, chopped
1 carrot, chopped
20 tortillas
Oil
Lettuce, cut in thin strips
4 hard-cooked eggs, sliced
2 apple tomatoes, sliced
Ketchup
1 cup of grated dry cheese
2 lemons, each cut in 4 pieces

Preparation

In a pan, cook the garlic, green bell pepper, onion and cilantro. Season with the chicken bouillon and one tablespoon of sugar, and salt and pepper to taste.

Move the mixture around with a fork until it is loose and without lumps. Add the tomato paste, previously dissolved with one cup of water. Mix all ingredients well, then add the potato and carrot. Mix well, add water and bring to a boil until the potatoes and carrots are soft and the water has been absorbed.

Fry the tortillas in enough hot oil. When they are done, put on paper towels to absorb the extra grease.

Cut the lettuce. *The following is not necessary in the U.S., but is practiced in some countries to sanitize produce when it can be contaminated. Caution is advised as too much bleach can be harmful: Add two drops of bleach to a large bowl of water and let the lettuce rest in the water for five to ten minutes. Then rinse it with pure water.* Slice the eggs and tomatoes.

For each enchilada, cover one tortilla with meat, lettuce, tomato and egg slices, ketchup, and grated cheese as desired. Garnish with lemon as desired.

Sopa de Mondongo
Receta para aproximadamente 5 personas

3 libras de mondongo
6 naranjas agrias
5 hojas de culantro de pata
2 cucharaditas de consomé de res
2 cucharaditas de consomé de pollo
3 ajos
2 ramas de apio
1 cebolla roja mediana finamente picada
1 chile dulce pequeño finamente picado
Sal al gusto
2 cucharaditas de achiote
2 libras de yuca cortada en trozos
2 elotes tiernos partidos en 3 partes
2 plátanos maduros partido en 4 partes
3 papas grandes cortada en trozos
3 zanahorias grandes cortada en trozos
¼ de repollo
1 12-onzas lata de leche de coco
1 cucharada de azúcar
½ taza de culantro

Preparación

Cortar el mondongo en trozos pequeños y lavarlo bien, agregar el jugo de las naranjas agrias, y dejarlo reposar de una a dos horas. Pasado ese tiempo retirar el mondongo del jugo y lavar nuevamente con suficiente agua. Colocarlo en una olla grande con suficiente agua hasta cubrir completamente, agregar el culantro de pata (página 26), consomé de res, consomé de pollo, ajo, apio, cebolla, chile y la sal. Cocinar de tres a cinco horas. (De preferencia hacer esto un día antes.) Cocinar hasta que esté completamente blando. Una vez esté listo agregar el achiote y los consomés y mezclar bien hasta mezclar todo bien, agregar primeramente la yuca y el elote. Una vez comiencen a suavizar agregar el resto de los vegetales, deje cocinar. Agregar la leche de coco y bajar la temperatura a fuego medio, luego agregar el azúcar si es necesario, agregar sal, de acuerdo al gusto.

Por último agregar la 1/2 taza culantro de castilla finamente picado y apagar la estufa. Sacamos el culantro de pata de la sopa. Servir con arroz blanco, limón y tortilla de maíz.

Honduran Menudo
Recipe for approximately 5 people

3 pounds of tripe
6 sour oranges*
5 leaves of cilantro (the thick cilantro)
2 teaspoons beef bouillon
2 teaspoons chicken bouillon
3 cloves of garlic
2 celery stalks, chopped
1 medium red onion finely chopped
1 small green bell pepper finely chopped
Salt to taste
2 teaspoons achiote paste
2 pounds of cassava (yuca) cut into pieces
2 ears of corn divided into thirds
2 ripe plantains split into 4 parts
3 large potatoes cut into pieces
3 large carrots cut into pieces
¼ of a head of cabbage, chopped
1 tablespoon of sugar
1 12-ounce can of coconut milk
½ cup cilantro, finely chopped

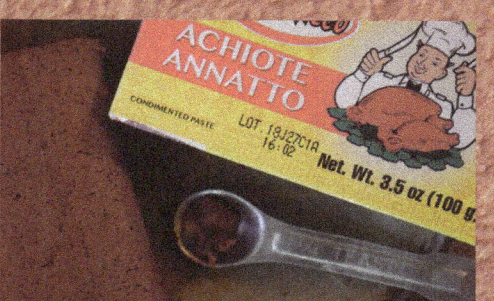

Juice of sour oranges (naranja agria) is available at some major U.S. groceries, as well as speciality stores.

Preparation

Cut the tripe into small pieces, wash it well, add the juice of the sour oranges, and let it stand for one to two hours. Remove the tripe from the juice and wash again with enough water. Place it in a large pot with enough water to completely cover it. Add the thick cilantro leaves (shown on page 26), beef bouillon, chicken bouillon, garlic, celery, onion, green pepper and salt. Cook three to five hours. (Preferably do this one day before.) Cook until completely soft. Add the achiote and mix until everything is well integrated, and add the cassava and the corn. Once they begin to soften, add the rest of the vegetables and let it cook. Add the coconut milk and lower the temperature to medium heat. Add the sugar and if necessary, salt, both according to taste.

Finally add the ½ cup chopped cilantro and turn off the stove. Remove the thick cilantro leaves. Serve with white rice, lemon and corn tortillas.

Sopa de Res
Receta para 4-5 personas aproximadamente

2 libras de costilla de res
3 ajos
1 cebolla entera en trozos
1 chile dulce en trozos
Culantro al gusto
2 cucharadas de consomé de pollo
2 litros de agua
4 pedazos grandes de yuca
4 papas grandes
3 bananos verdes
1 zanahoria grande en trozo
½ repollo
3 elotes partidos en dos
1 cucharadita de achiote

Preparación

En una olla grande, poner a cocer la carne junto con el ajo, cebolla, chile y parte del culantro, consomé de pollo, y si es necesario agregar sal al gusto y hervir con los dos litros de agua.

Dejar hervir hasta que la carne este suave, agregar agua periódicamente.

Una vez la carne esta suave es momento de agregar las verduras y achiote y la sopa estará lista una vez que todas las verduras estén suaves. Cuando retiremos nuestra sopa de la estufa, en ese momento agregamos el resto de culantro. Lo servimos con media mazorca de maíz en cada tazón.

Beef Soup
Recipe for approximately 4-5 people

2 pounds of beef rib
3 garlic cloves
1 whole onion in pieces
1 green bell pepper in pieces
Cilantro, finely chopped, to taste
2 tablespoons chicken bouillon
8 ½ cups of water
4 large pieces of cassava (yuca), peeled and cut in two
4 large potatoes, chopped
3 green bananas, peeled and cut in two
1 large carrot, chopped
½ head of cabbage, sliced in thin strips
3 ears of corn cut in half
1 teaspoon of achiote paste

Preparation

In a large pot, cook the meat with the garlic, onion, green bell pepper and part of the cilantro, chicken bouillon. If necessary, add salt to taste, and boil with 8½ cups of water. Let boil until the meat is soft, adding water periodically.

Once the meat is soft it is time to add the rest of the vegetables and the achiote paste. The soup will be ready once all the vegetables are soft. The moment we remove our soup from the stove, we add the rest of the cilantro. We serve it with a half ear of corn in each bowl.

Tamalitos de Cambray

Receta para 60-70 personas

Tamalitos

Heidy y su familia a menudo visitan y comparten tiempo con las personas que viven y trabajan en el basurero de la ciudad. Además con frecuencia distribuyen alimentos, tazas de café caliente y también dan un poco de aliento a las personas que esperan en los alrededores del hospital público, quienes no tienen donde ir y en la mayoría de los casos duermen a la intemperie, mientras sus seres queridos reciben tratamiento medico dentro del hospital. Los tamales son un plato tradicional para Navidad y a Heidy le encanta compartir alimentos "reconfortantes" con aquellos que necesitan una mano amiga y algo cálido para sus estómagos.

Ingredientes para la carne:

3 libras de carne molida
3 libras de papas cortados en trozos
2 libras de zanahorias
1 libra de frijolitos verdes
½ libra de pasas
1 lata de aceitunas
1 cucharada consomé de res
1 cucharada sal de ajo
1 pasta de tomate
1 cucharada de especias
Sal al gusto
5 tazas de agua

Ingredientes para la masa:

3 libras de harina de maíz
1 litro de agua
2 libras de aceite
2 chiles dulce
3 tomates
4 cebollas rojas grandes
1 cabeza de ajos
5 cucharadas de consomé de pollo
3 cucharadas de especias
Sal al gusto

Hojas de plátano lo suficiente para envolver todos nuestros tamales (o papel aluminio)

Preparación

Para la carne:

Cortamos todos nuestros vegetales en trozos pequeños. En una olla colocamos la carne, vegetales, papas, aceitunas al igual que las especias, consomé de res, sal de ajo, pasta de tomate, sal al gusto. Con una cuchara grande integrar bien la carne con todos los ingredientes, por ultimo cinco tazas de agua. Cocer por unos 15 minutos, retirar del fuego.

Para la masa:

Poner la harina de maíz junto a las especias, consomé y mezclar bien los ingredientes en seco. Agregar el agua y mezclar hasta obtener una mezclar lo blanda. En este punto empezaremos agregar la sal hasta tener el sabor deseado. Todo esto lo haremos en una olla lo suficientemente grande.

Una vez tengamos todo esto listo agregaremos una media libra de aceite y el resto lo agregaremos a medida que la masa vaya obteniendo consistencia y lo pondremos al fuego. Cocinar de forma que la masa caliente poco a poco sin dejar de moverlo, para que no se pegue en el fondo de la olla. Una vez caliente agregamos el resto del aceite sin dejar de moverlo, cuando comience a hacer burbujas bajamos la temperatura a la estufa.

Para envolverlos:

Tome una hoja de plátano grande, o papel aluminio. Tiene que ser lo suficientemente grande para poder envolver bien nuestros tamales. En el centro de la hoja colocar una taza de la masa y en medio colocar la carne y un poco del jugo de la misma. Luego envolver de manera que quede lo suficientemente apretado, asegurándose de cerrar bien cada una de las esquinas de la hoja. Una vez tengamos todos nuestros tamalitos envueltos, colocamos una olla grande, colocamos una tapadera al fondo de la misma, colocamos nuestros tamalitos, y los cubrimos con agua.

Ponerlos al fuego nuevamente, de dos a tres horas, siempre con el cuidado de que tengan suficiente agua. Una vez transcurrido ese tiempo, apagar el fuego y dejar enfriar.

Al momento de servir, siempre es bueno acompañarlo con salsa picante y limón. El mejor momento para comerlos es al siguiente día, con una taza de café durante la mañana.

Heidy's mother, Amada Del Carmen Baca Barahona

Cambray Tamalitos
Recipe for 60-70 people

Ingredients for meat:

3 pounds ground beef
3 pounds of potatoes finely chopped
2 pounds of carrots finely chopped
1 pound green beans finely chopped
½ pound raisins
2 12-ounce cans of green pitted olives
1 tablespoon beef bouillon
1 tablespoon garlic salt
1 12-ounce can of tomato paste
1 tablespoon cumin
Salt to taste
5 cups of water

Ingredients for the dough:

3 pounds of cornmeal
5 tablespoons chicken bouillon
3 tablespoons cumin
Salt to taste
4 cups of water (little more if necessary)
2 pounds of oil
2 green bell peppers, cut in large pieces
3 tomatoes
4 large red onions
1 head of garlic
Enough banana leaves (or foil) to wrap all our tamales

Tamalitos
Heidy and her family often offer hospitality at the city dump to the people who live and work there. In addition, they frequently pass out food, warm cups of coffee and encouragement to people who are waiting at the public hospital who have nowhere to go while their loved ones are inside getting treatment. Tamales are a traditional dish for Christmas and Heidy loves to share "comfort" food with those in need of an understanding heart, and something warm for their stomachs.

Preparation

For the meat:

We cut all our vegetables. In a large pot we place the meat, vegetables, potatoes and olives as well as cumin, beef bouillon, garlic salt, tomato paste, salt to taste. With a large spoon, we combine the meat well with all the ingredients, and finally we add the five cups of water. Cook for about 15 minutes, remove from heat.

For the dough:

Combine the cornmeal, cumin and chicken bouillon, mix well, and add the water and stir until obtaining a soft mixture. At this point we will start adding salt until it has the desired flavor. We will do all this in a big enough pot.

Once we have all this ready, we will add a half pound of oil. The rest we will add as the dough gets thicker. Put it on the fire or heat and cook so that the dough slowly heats while still stirring it so that it does not stick to the bottom of the pot. Once hot we add the rest of the oil while stirring. When it starts to bubble, we lower the temperature.

To wrap them:

Take a large banana leaf or piece of foil. It has to be large enough to be able to wrap our tamales well. In the center of the leaf place a cup of the dough and in the middle place the meat and a little of the juice of the meat, then wrap so that it is tight enough, making sure to close each corner tightly. Once all our tamalitos are wrapped, we take a large pot and place a smaller lid inside on the bottom so that the tamales don't stick, place our tamalitos, and cover them with water.

Put them on the fire again, two to three hours, always taking care that they have enough water. Turn off the heat and let cool.

At the time of serving it is always good to accompany it with hot sauce and lemon. The best time to eat them is the next day, with a cup of coffee during the morning.

Gladis Yamileth Aguilera Montoya

Filete de Tilapia
Receta para 4-5 personas aproximadamente

2 libras de filete de pescado
1 cucharada consomé de camarón
1 cucharadita de sal de ajo
Sal y pimienta al gusto
Aceite
1 cebolla
1 diente de ajo
Limón
Frito u horneado

Para acompañar chismol (receta en página 58), aguacate, vegetales, cocidos, puré de papas, sazonado con queso Romano.

Preparación

Sazone el filete con el consomé, sal de ajo, sal y pimienta hasta cubrir si es frito. Poner el aceite en una freidora, y, cuando este caliente, poner los filetes a freír. Toma aproximadamente de siete a diez minutos por cada lado del filete.

Si es horneado, en un pedazo de papel aluminio cortar la cebolla en rodajas y el ajo de igual manera. Sazone el filete con el consomé de camarón, sal de ajo, sal y pimienta y agregar jugo de limón al gusto. Precalentar el horno a 350 F. Ponerlos individuales y hornear hasta que esté cocido.

Tilapia Fillet
Recipe for approximately 4-5 people

2 pounds of fish fillets
1 tablespoon of seafood bouillon
1 teaspoon of garlic salt
Salt and pepper to taste
Oil
1 onion, sliced
1 clove of garlic
Lemon

The fish can be fried or baked. You can serve with chismol (recipe on page 59), avocado, cooked vegetables, mashed potatoes, and seasoned with Romano cheese.

Preparation

To pan fry: Season the fillet with the seafood bouillon, garlic salt, salt and pepper until it is covered. Add oil to the fryer. Place the fillets in when it is hot. Fry about seven to ten minutes per each side.

To bake: Preheat the oven to 350 F. Slice the onion and garlic and season the fillet with the seafood bouillon, salt and pepper to taste, adding lemon juice to taste. Wrap in aluminum foil and bake until done.

Sopa Marinera
Receta para 6 personas aproximadamente
(puede agregar los mariscos de su preferencia)

1 cebolla pequeña picada
1 chile dulce pequeño picado
2 dientes de ajo pequeño picado
1 barra de margarina
1 libra de camarones limpios
3 libros de yuca en trozos
3 zanahorias en trozos
3 bananas verdes en trozos
2 (15 onzas) latas de leche de coco
1 cucharadita de azúcar
Achiote
1 libra de jaiba
2 cucharadas de consomé de mariscos
1 libra de filete de pescado
1 libra de caracol
Culantro al gusto
Sal y cominos (especias) al gusto

Preparación

Picar en trozos pequeños la cebolla, el chile y los ajos, y sofreír con un tercio barra de margarina los ingredientes anteriores junto con los camarones por unos segundos, salpimentar un poco, y retirar del fuego. Tomar otro tercio barra de margarina y sofreír la yuca, zanahoria y bananas verdes. Cocinar durante unos minutos y retirar del fuego.

En una olla colocar el resto de la margarina, sofreír las jaibas por unos segundos, incorporar el consomé de camarón y mezclar bien. Agregar las leches, el azúcar y achiote mezclar hasta integrar todos los ingredientes colocar las verduras y cocinar hasta que la yuca este suave completamente. En este punto agregar el culantro finamente picado, al igual que los camarones y el filete, hervir por unos minutos. Previamente damos unos golpes al caracol con una piedra de cocina o martillo para ablandarlo. Apagar la sopa y agregar el caracol tapar la olla y dejar reposar unos minutos para que se cueza el caracol con el calor.

Agregar sal y azúcar al gusto. Servir con arroz blanco y limón.

Seafood Soup
Recipe for about 6 people
(you can add the seafood of your choice)

1 onion finely chopped
1 green bell pepper finely chopped
2 cloves of garlic finely chopped
1 stick of margarine
1 pound of peeled shrimp
3 pounds of cassava (yuca) chopped
3 carrots, chopped
3 green bananas, peeled and chopped
2 15-ounce cans of coconut milk
1 teaspoon of sugar
Achiote paste (used to add color to the recipe)
1 pound of crab
2 tablespoons of seafood bouillon
Cilantro to taste
1 pound of fish fillet
1 pound of conch
Salt and cumin to taste

Preparation

Chop the onion, green bell pepper and the garlic into small pieces and sauté with one-third stick of margarine. Add the shrimp for a few minutes to season a little, and remove from the heat. Take another one-third of margarine and sauté cassava, carrots and green bananas. Cook for a few minutes and remove from heat. Set aside.

In a saucepan place the rest of the margarine, sauté the crab for a few seconds, add the seafood bouillon and mix well. Add the coconut milk, sugar and achiote, mix until all the ingredients are integrated. Place the vegetables and cook until the cassava is completely soft. Add the finely chopped cilantro, shrimp and fillet, boil for a few minutes. Previously we pounded the conch with a kitchen stone or hammer to soften it. Turn off the soup and add the conch. Cover the pot and let it rest a few minutes so that the conch meat is cooked with the heat.

Add salt and sugar to taste. Serve with white rice and lemon.

Heidy

Arroz con Frijoles
Receta para aproximadamente 6 personas

¼ taza de aceite
1 cebolla pequeña finamente picada
2 tazas de arroz blanco
1 cucharada de consomé de pollo
1 lata de 15 onzas de leche de coco
1 lata de 15 onzas de frijoles rojos enteros
2 tazas de agua
½ taza de culantro finamente picado

Preparación
En un sartén calentar el aceite y sofreír la cebolla, colocar el arroz al mismo tiempo, sofreír por cinco minutos, luego agregamos el consomé de pollo y sofreímos unos minutos más. Agregar la leche de coco mover para mezclar bien, agregar los frijoles y el agua restante, dejar hervir hasta que se consuma la mayor cantidad de agua, al momento de apagar la estufa agregar el culantro.

Rice and Beans
Recipe for approximately 6 people

¼ cup oil
1 finely chopped small onion
2 cups white rice
1 tablespoon chicken bouillon
1 15-ounce can of coconut milk
1 15-ounce can of whole red beans
2 cups of water
½ cup finely chopped cilantro

Preparation
   Heat the oil and sauté the onion in a pan. Add the rice at the same time, sauté for five minutes and add the chicken bouillon and sauté a few minutes. Add the coconut milk and stir to mix. Add the beans and the water, and let boil until most of the water is absorbed. The moment you turn off the stove, add the cilantro.

Catrachas
Receta para 5 personas

25 tortillas de maíz
Aceite para freír
2 tazas de frijoles fritos
1 taza de queso

Preparación

En una cacerola colocar suficiente aceite para freír las tortillas, cocinarlas hasta que estén crujientes. Una vez listas retirar del fuego y colocar en papel toalla para quitar el exceso de aceite. Para preparar nuestro platillo colocamos sobre las tortillas una cucharada de frijoles fritos, tratando de cubrir cada espacio de la tortilla, por último agregar queso rallado sobre los frijoles.

Heidy dice no conocer ninguna razón específica por la que esta receta comparte el mismo gentilicio de los hondureños, pero sugiere que podría ser porque incluye dos de los productos comestibles más utilizados en Honduras, y "No hay ningún nombre que nos represente más como hondureños que los Catrachos". Heidy dice que: "Las personas nacidas en Honduras son conocidas como hondureños, pero a los hondureños nos gusta el nombre coloquial Catracho, un nombre que nos dieron en honor al general Florencio Xatruch. Xatruch fue un valiente soldado hondureño que luchó contra William Walker y sus piratas en 1855, cuando invadió Nicaragua en su intento de derrocar al presidente Chamorro. Las tropas hondureñas estaban al mando de dos generales, Florencio Xatruch y su hermano Pedro. Al referirse a las tropas hondureñas, el pueblo nicaragüense decía: 'Aquí vienen los xatruches', que luego se convirtieronen catruches y finalmente se convirtieron en catrachos".

Catrachas
Recipe for 5 people

25 corn tortillas
Frying oil
2 cups fried beans
1 cup grated cheese

Preparation
   Put oil in a saucepan, enough to fry the tortillas, and cook until crispy. Once they are ready, remove from heat and place on a paper towel to remove excess oil. To prepare our dish we place a spoonful of fried beans on the tortillas, trying to cover each space of the tortilla, and finally we add grated cheese on the beans.

> *Heidy says she knows of no specific reason why this recipe shares the nickname for Hondurans, but she suggests it could be because it includes two of the most widely used edible products in Honduras, and "There is no name that represents us more as Hondurans than catrachos." Heidy says, "People born in Honduras are known as Hondurans, but we Hondurans like the colloquial name Catracho, a name that was given to us in honor of Gen. Florencio Xatruch. Xatruch was a brave Honduran soldier who fought against William Walker and his pirates in 1855, when he invaded Nicaragua in his attempt to overthrow President Chamorro. Honduran troops were commanded by two generals, Florencio Xatruch and his brother Pedro. When referring to the Honduran troops, the Nicaraguan people would say, 'Here come the xatruches,' which later became catruches, and finally became catrachos."*

Frijoles Cocidos y Refritos
Receta para 15 personas

1 libra de frijoles rojos secos
3 dientes de ajo, machacados
Sal al gusto
5 tazas de agua fría, o según sea necesario

Para los frijoles fritos:
1 cebolla roja, picada
½ **taza de aceite**

Preparación

Revisar los frijoles, que no haya piedras, tierra, pedazos de frijoles rotos. Remojar los frijoles durante la noche, para que así tome menos tiempo al momento de cocinar. Pasada la noche retiramos el agua del remojo y enjuagamos nuevamente, notaran que los frijoles han crecido un poco. Coloca los frijoles bien enjuagados en la olla y luego coloca el agua, si observa que la cantidad indicada de agua es demasiado entonces retira un poco, ya que lo recomendable es que el agua suba solamente unos centímetros por encima de los frijoles. Coloque los ajos machacados, cierre bien la olla, fijándose que quede cerrada por todos lados. Encienda el fuego, y cocine durante 30 minutos a temperatura alta. Una vez que la olla comienza a sonar, baje el fuego a temperatura media y deja cocinar 30 minutos más. Pasado este tiempo apague el fuego y deje enfriar un poco. Una vez abra la tapadera coloca sal al gusto. Si no tiene olla de presión, se puede cocinar en una olla normal, con la diferencia que tomara de 2 horas 30 minutos a 3 horas. Todo el procedimiento seria el mismo lo único que cambiaría seria la olla y el tiempo de cocción.

Para los frijoles fritos

Coloca en una fridera el aceite y la cebolla cortada en trozos muy pequeños, aparte, machacar los frijoles con un cucharón. Algo que en lo personal me funciona muy bien al momento de machacar frijoles es utilizar un vaso de plástico y aplastarlos hasta obtener la textura que deseo. Claro, es opcional. Una vez los frijoles están machacados, ponerlos junto con la cebolla y el aceite y mover contantemente de cinco a diez minutos, o hasta que se haya absorbido todo el aceite.

Cooked and Refried Beans
Recipe for 15 people

1 pound dried red beans
3 garlic cloves, crushed
Salt to taste
5 cups of cold water, or as needed

For fried beans:
1 red onion, chopped
½ cup of oil

Preparation

Check the beans to make sure there are no stones, dirt, or pieces of broken beans. Soak the beans overnight, so that it takes less time to cook. When it is time to cook, we remove the water and rinse again. You will notice that the beans have grown a little. Place the thoroughly rinsed beans in the pressure cooker and then add the water. If you notice that the indicated amount of water is too much, remove a little since it is recommended that the water rises only about an inch above the beans. Add the crushed garlic and close the pot, making sure it is closed on all sides. Turn on the heat, and cook for 30 minutes at high temperature. Once the pot starts to sound, lower the heat to medium heat and let it cook for 30 more minutes. After this time, turn off the heat and let cool slightly. Once you open the lid, add salt to taste.

If you do not have a pressure cooker, you can cook the beans in a normal pot, with the difference that it will take from 2 hours 30 minutes to 3 hours to cook. The whole procedure would be the same – the only thing that would change is the pot and the cooking time.

For fried beans

Place the oil and onion (cut into very small pieces) in a cast iron skillet. Crush the beans apart with a spoon. Something that personally works for me (Heidy) when crushing beans is to use a hard plastic cup and crush them until you get the texture you want. Clearly this is optional. Once the beans are crushed, put them together with the onion and the oil, move continuously for five to ten minutes, or until all the oil has been absorbed.

Plátano Frito
Aproximadamente 4 a 5 personas

4 plátanos enteros maduros
Aceite
1 taza de frijoles fritos (página 46)
½ taza de queso seco rallado (o romano)
½ taza de mantequilla crema
1 taza de repollo finamente picado

Preparación

Pelar los plátanos y freírlos enteros sin hacer ningún corte, calentar el aceite lo suficiente y luego bajar la la temperatura, esto ayudará a que los plátanos queden bien cocidos.

Una vez empiece a cambiar el color a café, cuidadosamente cortarlos al medio, sin abrirlos completamente, dejar en el fuego por cinco minutos más, retirar del fuego y en papel toalla retirar el exceso de aceite.

En un plato colocar el plátano sobre este y poner los frijoles, queso y mantequilla.

Esta receta también se puede cambiar; en vez de colocar frijoles, utilizamos la receta de carne para enchiladas y la receta de salsa roja.

En este caso, colocamos la carne en medio del plátano, colocar repollo sobre la carne, la salsa roja y listo a disfrutar.

Fried Plantain
Recipe for approximately 4 to 5 people

4 whole ripe plantains
Oil
1 cup fried beans (page 47)
½ cup grated dry cheese (or Romano)
½ cup sour cream*
1 cup of finely chopped cabbage *(optional – see preparation)*

*this can be substituted for mantequilla crema. However, check local speciality stores for Crema Hondureña. Some major U.S. grocery chains also carry Crema Mexicana in a jar.

Preparation

Peel the plantains and fry them whole without making any cuts. Heat the oil enough and then lower the temperature. This will help the plantains to be well cooked. Once their color starts to change to brown, carefully cut them in the middle, without opening completely, and leave on the heat for five more minutes. Remove from heat and place on paper towels to remove excess oil.

On a plate, place the plantains over the beans, cheese and sour cream (crema).

This recipe can also be changed by using the enchilada meat recipe (page 29) and the red sauce recipe (page 59) instead of beans. In this case, we place the meat in the middle of the plantain, place cabbage on the meat and the red sauce and it is ready to enjoy.

49

Pupusas
Receta para aproximadamente 10 personas

1 libra de Maseca
Cominos (especias) 2¼ cucharitas
Sal al gusto
2 tazas de agua

1/2 repollo
1/2 taza de culantro
1 zanahoria pequeña, rallada
1/2 taza de vinagre
1/2 taza de aceite (de preferencia de girasol)
1 cucharadas de consomé de pollo
2 cucharadas de azúcar

3 cebollas grandes
1 libra de quesillo Oaxaca
2 chiles jalapeños

Preparación

Para preparar las pupusas colocamos la Maseca en un recipiente, agregamos cominos (especias) y sal (opcional). Mezclamos todos los ingredientes secos, luego agregamos el agua. Mezclamos hasta obtener una masa suave y manejable, no tan aguada ni tampoco seca, tapamos y reservamos.

Cortar el repollo lo más fino posible, agregar la mitad de culantro y la zanahoria, la mitad del vinagre, dos cucharadas de aceite, especias, consomé de pollo, una cucharada de azúcar. Mezclar todos los ingredientes con sus manos, hasta que el repollo esté suave.

Al igual que el repollo, cortaremos la cebolla en julianas, agregamos el resto de zanahoria, culantro, chile jalapeño, cominos, una cucharada de azúcar, sal, vinagre y dos cucharadas de aceite. Al igual que el repollo, mezclamos todos los ingredientes hasta transparentar la cebolla. Para hacer las pupusas, tomamos la masa y la formamos en bolitas pequeñas. Los rellenamos con el quesillo Oaxaca. También podemos agregar frijoles (o tocino desmenuzado para los amantes de la carne), pero estos dos últimos son opcionales. Freír las pupusas de modo que queden crujientes.

Pupusas
Recipe for approximately 10 people

1 pound of cornmeal
Cumin (2¼ teaspoons, separated)
Salt to taste
2 cups of water

1/2 cabbage, cut in thin strips
1/2 cup cilantro, finely chopped
1 small carrot, shredded
1/2 cup of vinegar
1/2 cup of oil (preferably sunflower)
1 tablespoon of chicken boullion
2 tablespoons of sugar

3 large onions, cut in thin strips
2 jalapeño peppers, cut in thin slices
1 pound of quesillo Oaxaca

Preparation

To prepare the pupusas, put the cornmeal in a bowl, add one-fourth teaspoon cumin and salt (optional) and mix all the dry ingredients, and then add the water. We mix until we obtain a soft and manageable dough, not too watery , nor too dry. Let it rest.

Cut the cabbage as thin as possible. Add half of the cilantro and carrot, half of the vinegar, two tablespoons of oil, one teaspoon cumin, chicken bouillon, and a tablespoon of sugar. With your hands mix all the ingredients until the cabbage is soft.

As with the cabbage, we will cut the onion into julienne slices and add the rest of the carrot, the cilantro, jalapeño pepper, one teaspoon of cumin, salt, one tablespoon of sugar, the rest of the vinegar and two tablespoons of oil. Like for the cabbage, we mix all the ingredients by hand until the onion becomes transparent.

To make the pupusas, we take dough and form it into bowls. We fill these with the quesillo Oaxaca. We can also add beans (or crumbled bacon for meat lovers,) but these last two are optional. Fry the pupusas until crispy.

Tacos de Papas
(Nota: En Honduras, los tacos son enrollados)
Recetas para aproximadamente 4 personas

1 libra de papas
Agua
1 huevo
Sal y cominos (especias) al gusto
20 tortillas
Aceite
Queso seco rallado o parmesano

Preparación

Pelar las papas y ponerlas a hervir, una vez que estén suaves bajarlas de la estufa.

Machacarlas como si fuéramos a preparar puré de papas, agregar el huevo, sal y especias al gusto.

Tomamos una tortilla y agregamos una cucharadita de esta mezcla y enrollamos en un sartén. Colocar suficiente aceite y cuando hallamos terminado de rellenar todas nuestras tortillas, freírlas en suficiente aceite.

Los tacos los podemos acompañar con el mismo repollo que utilizamos para las pupusas (página 50), y agregar un poco de salsa roja (página 58), y como toque final agregamos un poco de queso seco rallado o parmesano. Y listo, nuestro plato está servido.

Potato Tacos

(Note: In Honduras, tacos are rolled)
Recipe for approximately 4 people

1 pound of potatoes
Water
1 egg
Salt and cumin to taste
20 tortillas
Oil
Grated dry cheese or Parmesan

Preparation

Peel the potatoes and boil them. Once they are soft, remove them from the stove. Crush them as if you were preparing mashed potatoes, add the egg, salt and cumin to taste.

We take a tortilla and add a teaspoon of this mixture and roll the tortilla before adding it to a pan with enough oil to fry all our tortillas.

We can accompany the tacos with the same cabbage that is used for the pupusas (page 51), and add a little red sauce (page 59), and as a final touch we add a bit of grated dry cheese or Parmesan.

Tamalitos de Elote
Receta para 20 personas aproximadamente

30 elotes tiernos
2 litros de leche
1 pizca de sal
Azúcar al gusto
Agua
Mantequilla crema

Preparación
　Pele los elotes tratando de no dañar las hojas ya que luego las usaremos, raspar los elotes con un cuchillo y luego licúe el maíz. Colar la mezcla y luego combinar con la leche, agregar la pizca de sal y azúcar al gusto.
　En una hoja de elote coloque una porción de la mezcla, cierre y doble los extremos de manera que queden bien apretados.
　Colocar en una olla de manera que queden paraditos, cúbralos hasta la mitad con agua y deje cocer por aproximadamente 1 hora 30 minutos o 2 horas. Cuando vea que la masa dentro de la hoja ha endurecido, nuestros tamalitos están listos.
　Acompáñelos con crema.

Corn Tamales
Recipe for approximately 20 people

30 ears of sweet corn on the cob
8 ½ cups of milk
1 pinch of salt
Sugar to taste
Water
Sour cream*
　*This can be substituted for mantequilla crema. However, check local speciality stores for Crema Hondureña. Some major U.S. grocery chains also carry Crema Mexicana in a jar.

Preparation
　Shuck the corn trying not to damage the husk, since we will use them later. Scrape the corn with a knife and then liquefy the corn. Strain the mixture and combine with the milk. Add a pinch of salt and sugar to taste.
　On a corn husk, place a portion of the mixture, close and fold the ends so that they are tightly closed. Place them in a pot so that they stand, cover them halfway with water and let them cook for about 1 hour 30 minutes or two hours. When you see that the dough inside the leaf is hard, we know our tamalitos are ready. Accompany them with sour cream* or crema.

Heidy and the tamale pot

Stirring tamale dough

Tamale assembly

Tamales in pot

Tamales

Pine needle basket
by Irma Duarte, Honduras

ENCURTIDOS, ADEREZOS Y JALEAS
SALSAS, SAUCES & JAMS

Salsa Roja

1 barra de margarina
½ chile dulce picado
1 cebolla picada
1 diente de ajo picado
1 taza de pasta de tomate
3 tazas de agua
2 cucharadas de azúcar
1 cucharada consomé de pollo
Culantro al gusto finamente picado

Preparación
　　Derretir la margarina y sofreír el chile, cebolla y ajo, luego agregar la pasta previamente disuelta con el agua y la azúcar, cocinar un poco, agregar el consomé de pollo, mover constantemente, dejar hervir por 30 minutos aproximadamente, al final agregar el culantro.
　　Esta salsa es ideal para acompañar las enchiladas (página 28).
　　También la puede utilizar como base para hacer salsa ranchera, (solamente tendrías que agregar una lata de chile jalapeño, que sea de trozos pequeños, y listo).

Chismol

3 tomates grandes, en trozos
1 chile verde grande, en trozos
1 cebolla grande, en trozos
½ cucharada de culantro, finamente picado
Sal y cominos (especias) al gusto
¼ taza de vinagre

Preparación
　　En un recipiente colocar los tomates, chile, una cebolla, media cucharada de culantro, una cucharadita de vinagre, sal y cominos al gusto. Mezclar todos los ingredientes.
　　El chismol se puede servir con tostadas de pollo y cerdo, filete de tilapia, tacos de papa y catrachas.

Red Sauce

1 stick of margarine
½ green bell pepper, chopped
1 onion, chopped
1 clove of garlic, chopped
1 cup of tomato paste
3 cups of water
2 tablespoons of sugar
1 tablespoon chicken bouillon
Cilantro, finely chopped, to taste

Preparation

Melt the margarine and sauté the green bell pepper, onion and garlic, then add the tomato paste, previously dissolved with water and sugar, cook a little. Add the chicken bouillon, stir constantly, Let boil for about 30 minutes, then add the cilantro.

This sauce is ideal to accompany the enchiladas (page 29).

You can also use it as a base to make ranchera sauce. (You only have to add a can of jalapeño peppers, in small pieces and that's it.)

Chismol

3 large tomatoes, in pieces
1 large green bell pepper, in pieces
1 large onion, in pieces
½ tablespoon of cilantro, finely chopped
Salt, cumin to taste
¼ cup of vinegar

Preparation

In a bowl place the tomatoes, green pepper and one onion and a half tablespoon of cilantro, one teaspoon of vinegar, salt and cumin to taste. Mix all the ingredients. Serve with chicken or pork tostadas, fillet of tilapia, potato tacos and catrachas.

Aderezo

1 cebolla grande, en trozos
½ diente de ajo
1 lata de chile jalapeño (4 onzas)
1 cucharadita de culantro finamente picado
½ cucharada de consomé de pollo
3 cucharadas de vinagre
7 cucharadas de mayonesa

Preparación

En una licuadora colocar una cebolla, medio diente de ajo, el jugo de la lata de chile jalapeño, (en este punto si prefieres un aderezo más picante puedes agregar los jalapeños,) una cucharada de culantro, la media cucharadita de consomé de pollo, las 3 cucharadas de vinagre. Licuar bien hasta tener una consistencia totalmente liquida, y luego agregar el resto de la mayonesa, licuar nuevamente hasta integrar todo muy bien.

Puede servir esto con muchas cosas, como tostadas de pollo o cerdo, tacos de papa, enchiladas.

Guacamole

2 aguacates grandes
1 cucharada de mayonesa
Cominos (especias), sal al gusto

Preparación

Cortar los aguacates, retirar las cascaras y semillas, machacar los aguacates como en forma de puré de papas, agregar una cucharada de mayonesa, cominos y sal al gusto. Dejar una de las semillas dentro de la mezcla para que no se oxide.

Puede servir esto con muchas cosas, como tostadas de pollo o cerdo, tacos de papa, enchiladas.

Dressing

1 large onion, in pieces
½ clove of garlic
1 4-ounce can of jalapeño peppers
1 tablespoon of cilantro, finely chopped
½ teaspoon chicken bouillon
3 tablespoons of vinegar
7 tablespoons of mayonnaise

Preparation
   In a blender place one onion, a half clove of garlic, jalapeño pepper juice. If you prefer a spicier dressing you can add the jalapeños, too, with the tablespoon of cilantro, half teaspoon of chicken bouillon and the vinegar. Blend well until it has a liquid consistency, then add the mayonnaise. Blend again until everything is well integrated. You can serve this with many things, such as chicken or pork tostadas, potato tacos, enchiladas.

Guacamole

2 large avocados
1 tablespoon of mayonnaise
Cumin, salt to taste

Preparation
   Cut the avocados, remove the outer skins and seeds, mash the avocados (like making mashed potatoes). Add a tablespoonful of mayonnaise, cumin and salt to taste. Leave one of the seeds inside the mixture so that it does not brown. You can serve this with many things, such as chicken or pork tostadas and fillet of tilapia.

Jalea de Piña

1 piña pequeña
2 tazas de azúcar
½ taza de agua

Preparación

Pele la piña y rállela, debe obtener aproximadamente dos tazas. Coloque la piña y el agua en una cacerola pequeña y cocine a fuego medio-bajo por aproximadamente 30 minutos. Agregue el azúcar y mezcle bien. Cocine hasta que la mezcla se espese, lo cual tomara aproximadamente 45 a 60 minutos. Coloque la jalea en un frasco de 16 onzas con una tapadera bien ajustada. Guardarlo en el refrigerador, puede estar en el refrigerador hasta por tres meses.

Jalea de Frambuesas

2 libras de frambuesas frescas
3 tazas de azúcar blanca

Preparación

En un tazón ancho, triture las frambuesas. En una cacerola de fondo grueso, mezcle las frambuesas y el azúcar. Revuelva a fuego lento hasta que el azúcar se disuelva. Aumente el fuego a alto y lleve la mezcla a ebullición. Hervir revolviendo constantemente, hasta que la mezcla alcance los 100 grados C. Esperar hasta que la jalea enfríe y luego guarde en un recipiente de vidrio de 16 onzas. Refrigérelo.

Pineapple Jelly

1 small pineapple
2 cups of sugar
½ cup of water

Preparation

Peel the pineapple and grate it. You should finish with about two cups. Place the pineapple and water in a small saucepan and cook over medium-low heat for approximately 30 minutes. Add the sugar and mix well. Cook until the mixture thickens, approximately 45 to 60 minutes. Place the jelly in a 16-ounce jar with a tightly fitting lid. Store in the refrigerator for up to three months.

Raspberry Jelly

2 pounds of fresh raspberries
3 cups white sugar

Preparation

In a wide bowl, crush the raspberries. In a heavy-bottomed saucepan, mix raspberries and sugar. Stir over low heat until the sugar dissolves. Increase heat to high and bring to a boil. Boil stirring constantly, until the mixture reaches 100 degrees C (212 F). Wait until the jelly has cooled and then store in a 16-ounce glass bowl in the refrigerator.

MENU PARA UN DÍA TÍPICO

DESAYUNO

Café
Desayuno típico
Huevos, frijoles, plátano frito, aguacate.
Jugo de piña
Tortillas (pp. 6, 8)

ALMUERZO

El almuerzo a menudo se sirve con fruta fresca, una canasta de tortillas y un plato de arroz. En el almuerzo, la base es arroz y tortillas, que pueden acompañarse con filete de tilapia o sopa de pollo.
Jugo de frambuesa

MEDIA TARDE

Café
El pan de la abuela (p. 2)

CENA

Suele ser el momento en que la mayoría de las familias hondureñas disfrutan juntas. Las enchiladas o pupusas son una excelente opción para compartir con su familia.

En la mayoría de los hogares hondureños el día domingo recibes amigos de la familia que vienen de otros hogares para pasar el día juntos, generalmente se reúnen después de la iglesia.

Los platos que se disfrutan en la mayoría de los hogares hondureños durante el domingo son las sopas. Las más tradicionales son la sopa de res, la sopa de mariscos y la sopa de mondongo, siendo la última, una de las más populares y consumidas por los Hondureños.

MENU FOR A TYPICAL DAY

BREAKFAST

Coffee
Typical breakfast
Eggs, beans, fried plantain, avocado
Pineapple juice (p. 13)
Tortillas (pp. 7, 9)

LUNCH

Lunch is often served with fresh fruit, a basket of tortillas and a bowl of rice. The menu's base is rice and tortillas, and these can be accompanied with tilapia fillet or chicken soup.
Raspberry juice (p. 13)

MID-AFTERNOON

Coffee
Abuela's breakfast bread (p. 3)

DINNER

Dinner is usually the time most Honduran families enjoy together. Enchiladas or pupusas are a great option to share with your family.

In most Honduran homes on Sundays, we receive family and friends who come from other homes to spend the day together, usually meeting after church.

The dishes that are enjoyed in most Honduran homes during Sunday are the soups, with the most traditional being beef soup, seafood soup, and mondongo soup. Mondongo soup is one of the most popular consumed by Hondurans.

Orden Alfabético de Receta

Aderezo, 60
Anafre con frijoles y nachos, 12
Arroz con frijoles, 43
Arroz con Pollo, 16
Caldo de Albóndigas, 24
Caldo de Pollo, 18
Catrachas, 44
Cerdo al Horno, 26
Cerdo o Pollo, Tostadas, 22
Chismol, 58
Desayuno Típico, 64
Enchiladas, 28
Filete de Tilapia, 38
Frijoles Cocidos y Refritos, 46
Guacamole, 60
Jalea de frambuesas, 62
Jalea de piña, 62
Jugo de Frambuesa, 12
Jugo de Piña, 12
Menu para un día típico, 64
Pan Batido, 2
Plátano frito, 48
Pollo Horneado, 20
Pollo o Cerdo, Tostadas, 22
Pollo, Arroz con, 16
Pollo, caldo de, 18
Pupusas, 50
Res enchiladas, 28
Res, Caldo de Albóndigas, 24
Res, Tamalitos de Cambray, 34
Salsa roja, 58
Sobre de tortillas, 8
Sopa de Mondongo, 30
Sopa de Res, 32
Sopa Marinera, 40
Tacos de papas, 52
Tamalitos de Cambray, 34
Tamalitos de elote, 54
Tortillas de Harina—Baleadas, 6
Tostadas de Pollo o Cerdo, 22

Alphabetical Index of Recipes

Anafre with Beans and Nachos, 13
Beans, cooked and refried, 47
Beef enchiladas, 29
Beef Meatball soup, 25
Beef soup, 33
Beef, Cambray Tamalitos, 36
Bread, Abuela's Breakfast, 3
Catrachas, 45
Chicken or Pork Tostadas, 23
Chicken soup, 19
Chicken, baked, 21
Chicken, with rice, 17
Chismol, 59
Corn tamales, 54
Dressing, 61
Enchiladas, 29
Guacamole, 61
Meatball soup, 25
Menu for a typical day, 65
Menudo, Honduran, 31
Pineapple jelly, 63
Pineapple juice, 13
Plantain, fried, 48
Pork or Chicken Tostadas, 23
Pork, baked, 27
Potato tacos, 53
Pupusas, 51
Raspberry jelly, 63
Raspberry juice, 13
Red sauce, 59
Rice and beans, 43
Rice with chicken, 17
Seafood Soup, 41
Tacos, potato, 53
Tamales, corn, 54
Tamalitos, Cambray, 36
Tilapia Fillet, 39
Tortillas, all about, 9
Tortillas, flour—Baleadas, 7
Tostadas, Chicken or Pork, 23
Typical Breakfast, 5

Heidy and Sarah at a cooking class in Teguicigalpa, Honduras

EXPRESIONES DE GRATITUD

Este proyecto comenzó hace varios años cuando conocí a Heidy y Jonathan Rivas en Honduras. Con los años nuestra amistad ha florecido y nos hemos convertido en familia a pesar de la distancia y las fronteras que nos separan.

Muchas cosas nos unen, una de ellas es saber que somos hijos de nuestro poderoso Dios. Y lo segundo... La ¡COMIDA! Estoy emocionada de compartir las maravillosas recetas de Heidy, con todos aquellos que aún no han tenido la oportunidad de disfrutar de la hospitalidad en su mesa familiar en ¡Honduras!

Agradecemos profundamente a cada una de nuestras familias y amigos, en Honduras y los Estados Unidos. También un agradecimiento especial a Yolanda Ciolli, Mike Lising, Carlos Abner Radillo y Tammy Zoad Mendoza, a cada uno de ellos, gracias por su aporte profesional.

Sobre todo, gracias a Aquel que lo hace todo posible.

En conclusión, ya sea que coman o beban o hagan cualquier otra cosa, háganlo todo para la gloria de Dios. 1 Corintios 10:31 (NVI)

ACKNOWLEDGMENTS

This project began several years ago when I first met Heidy and Jonathan Rivas in Honduras. Over the years, our friendship has blossomed, and we've become family despite the borders that separate us.

One thing that unites us is that we are all children of our powerful God. And the second thing… food! I am excited to share Heidy's wonderful recipes with those who have not yet had the opportunity to enjoy the hospitality seated at her family table in Honduras.

Many thanks to the encouragement from our families and friends in Honduras and the United States, and the professional expertise of Yolanda Ciolli, Mike Lising, Carlos Abner Radillo and Tammy Zoad Mendoza.

Most of all, thanks to the One who makes it all possible.

So whether you eat or drink or whatever you do, do it all for the glory of God.
1 Corinthians 10:31

About the Authors: Heidy

Como misionera, a Heidy Gissela Lanza le encanta hacer que cada persona se sienta única y especial. Comenzó hace 16 años cuando tuvo la oportunidad de visitar el crematorio municipal de la ciudad de Tegucigalpa, Honduras. Ahora Heidy y su esposo son misioneros de tiempo completo a través de su fundación ¿Quién es nuestro projimo? Heidy colabora en la parte administrativa y logística.

As a missionary, Heidy Gissela Lanza loves to make each person feel unique and special. She started 16 years ago when she had the opportunity to visit the city dump of Tegucigalpa, Honduras. Now Heidy and her husband are full-time missionaries through their foundation Who is Our Neighbor? Heidy collaborates in the administrative and logistics part.

Heidy with Jonathan and their children,
Ribhkah (Rebecca), Victoria, Yonathan, and Gisselle.

Heidy's grandparents

City view

Honduran houses

Hospitality at Heidy's

Girls dancing at church

About the Authors: Sarah Kohnle

Sarah Bunce Kohnle loves to give others a voice through story. As a journalist, she covered stories across the heartland of the United States, and credits her start to the third-grade *Daily Gazette* in Fargo, N.D. She is the managing editor for a state association for educators and she and her husband, Mark, reside in Missouri. Sometimes she shares her voice through fiction (sarahkohnle.com). Her first visit to Honduras 10 years ago inspired her and she is the Honduras arm for the Foundation for the Higher Good. Learn more at thehighergood.org.

A Sarah Bunce Kohnle le encanta dar voz a otros a través de sus escritos. Como periodista, ella ha cubierto historias en todo el corazón de los Estados Unidos, sus inicios en tercer grado en el *Daily Gazette* de Fargo, N.D dan crédito de ello. Ella es la editora gerente de la Asociación para Educadores del Estado de Missouri, donde reside junto a su esposo, Mark. A veces ella comparte su voz a través de la ficción (sarahkohnle.com). Su primera visita a Honduras hace 10 años la inspiró y desde entonces ella es el brazo de Honduras en la Fundación para el Bien Mayor (Foundation for the Higher Good). Obtenga más información en thehighergood.org.